Super casting !

DreamWorks Trolls © 2017 DreamWorks Animation LLC.
All Rights Reserved.
D'après *Follow your art*, un roman de Jen Malone, Random House, New York.

© Hachette Livre 2017 pour la présente édition.
Tous droits réservés.

Traduction d'Olivier Gay.
Conception graphique et mise en pages : Audrey Thierry.

Hachette Livre, 58, rue Jean-Bleuzen, 92178 Vanves Cedex.

Super casting !

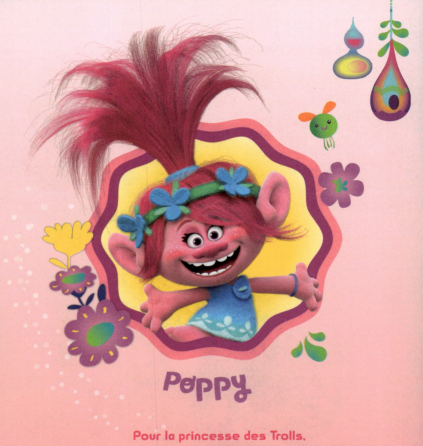

Poppy

Pour la princesse des Trolls,
une bonne journée commence toujours
par un grand sourire ! Joyeuse et optimiste,
elle passe son temps à danser et à chanter.
Il n'y a rien de mieux dans la vie !
Excepté peut-être l'Heure des Câlins !

Si les cheveux de Harper
sont toujours pleins
de peinture, c'est parce
que la Troll artiste s'en
sert comme d'un pinceau !
Ses tableaux
lui permettent d'exprimer
tout ce qu'elle ressent.

Harper

Satin et Chenille

Satin et Chenille sont
des sœurs jumelles reliées
par leurs cheveux !
Fans de mode, elles sont
stylées et très créatives.
Elles ont toujours mille
et une idées pour habiller
les Trolls de leur village.

Ce Troll géant
ne se sépare jamais
de son meilleur ami,
M. Dinkles.
Sensible, il a un ÉNORME
cœur et pleure à la moindre
émotion !

Biggie et M. Dinkles

Un problème ?
Creek est là pour
le résoudre !
Avec ses paroles
rassurantes et sa *positive
attitude*, c'est le plus cool
et le plus zen de tous
les Trolls !

Creek

Cette minuscule Troll
a une passion : son corps !
Et ce n'est pas parce
qu'elle est toute petite
qu'elle n'a pas de force !
Preuve en est quand elle
exhibe ses gros muscles !

Smidge

DJ Suki

Son casque vissé
sur les oreilles,
DJ Suki sait mettre
l'ambiance et faire
danser la planète entière !
Que la fête commence !

Dès qu'il se met à danser, le Troll – toujours tout nu ! – envoie une pluie de paillettes. C'est la boule à facettes de toutes les soirées !

Guy Diamant

Avec son éternel sourire aux lèvres, Cooper est toujours de bonne humeur ! Le Troll au pelage rayé adore danser et jouer de l'harmonica.

Cooper

Branche n'aime pas les câlins et... encore moins les chansons ! Ce Troll gris, toujours de mauvaise humeur, cache malgré tout un grand cœur...

Branche

Tous les Trolls adorent leur roi, King Peppy ! Il faut dire que c'est une légende : il a sauvé son peuple des méchants et vilains Bergens !

King Peppy

chapitre 1

La galerie d'art de Harper

Harper

J'ajoute ma touche finale au portrait en utilisant le bout de mes cheveux comme pinceau. Quand on a des cheveux aussi incroyables que ceux des Trolls, on peut s'en servir de mille et une manières. Je recule d'un pas pour admirer mon tableau dans toute sa splendeur.

– *King Peppy est trop stylé*, voilà le titre que je vais te donner, dis-je fièrement.

Je me suis aussi servie d'une chenille pour faire sa moustache, et c'est très réussi.

Pas mal, Harper, pas mal du tout ! Mon ventre bourdonne de joie, comme toujours quand j'ai fini un tableau. Mais je n'aurais pas dû passer ce dernier quart d'heure à le terminer, parce que maintenant, je suis en retard pour voir Poppy, ma meilleure amie. Il faut dire que je n'ai pas pu m'en empêcher. Parfois, j'ai l'impression que mes tableaux me parlent.

– Harperrr, viens jouer avec nous !

Comme je suis une *vraie* artiste (c'est comme une artiste, mais en mieux !), je suis obligée de les écouter. Et puis entre amies, on se comprend et on se pardonne. Poppy ne m'en voudra pas si j'ai quelques minutes de retard. Et tout le monde sait que l'art… c'est mon truc ! Ce qui fait de moi la Troll que je suis !

Il y a vingt ans, King Peppy a sauvé tous les Trolls en les amenant dans ce village, Trollville, et je voulais vraiment lui rendre hommage. Du coup, le tableau est à sa taille… aussi grand que moi !

Il ne reste plus qu'à l'accrocher. Tous mes murs sont décorés et bien sûr, le seul endroit libre se trouve à l'autre bout de la pièce.

– J'aurais… bien besoin… d'un assistant… je halète en déplaçant le lourd tableau.

Il n'est pas complètement sec et de la peinture me dégouline dessus, mais ce n'est pas grave, j'ai l'habitude, je suis toujours couverte de taches. Ça fait partie de mon style !

– Qu'est-ce que tu en penses ? je demande à ma fleur en pot, installée sur

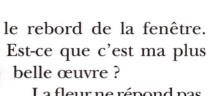

le rebord de la fenêtre. Est-ce que c'est ma plus belle œuvre ?

La fleur ne répond pas, elle se met à chanter !

Elle écarte ses pétales et fredonne un air endiablé. Visiblement, elle semble aimer…

Mais déjà, le soleil pénètre dans ma maison-bourgeon. Il doit être plus tard que je le pensais. Autour de moi, le village se réveille. J'ai hâte de rejoindre les autres Trolls !

J'adore notre village. Il est vraiment magique ! Nous sommes si bien dans cette clairière baignée de soleil au fond des bois. L'endroit est tellement mignon avec toutes ses maisons-bourgeons qui pendent des arbres grâce à des cordes en cheveux de Trolls.

Ah, oui ! Et il y a toujours de la musique ! Parce qu'on est comme ça, nous, les Trolls. Quand on ne danse pas, on fait de la tyrolienne en chantant le long des branches des arbres.

On adore les câlins, aussi. On s'en fait tout le temps, parce que c'est quand même notre activité préférée.

Et puis il y a les couleurs ! Ce sont elles qui rendent cet endroit aussi incroyable, surtout pour une artiste, comme moi. Trollville est rempli de nuances qui éblouiraient n'importe quel peintre !

Décidément, j'aime cet endroit. Et aujourd'hui, je vais pouvoir partager cette émotion avec tout le monde !

– C'est le grand jour, Fleur ! j'annonce en réajustant la position du tableau de King Peppy.

En effet, aujourd'hui, Poppy et moi allons organiser la soirée d'inauguration de ma nouvelle galerie d'art, tellement incroyable qu'elle va vous ébouriffer les cheveux ! Eh oui ! Harper, la Troll artiste (c'est moi) va devenir Harper, la Troll artiste ET directrice de galerie.

– Je suis tellement excitée ! Enfin, je suis aux trois quarts excitée, parce que… j'ai un peu peur.

Ma fidèle fleur ne m'écoute pas du tout et continue de chanter en enroulant ses feuilles autour de sa tige.

– *Tralala !*

– Merci pour ton aide, je grimace. Ah, j'aimerais tant que cette galerie reflète bien plus que mon art… Je voudrais qu'elle prouve toute la créativité et le génie des Trolls !

Je ne suis pas certaine que ma fleur saisisse. En même temps, je ne suis pas sûre de comprendre non plus… Je sais quel but je veux atteindre, mais j'ignore comment y parvenir.

Tout est prêt pour cette grande fête, sauf un minuscule détail. Bon, peut-être un gros détail : je n'ai pas beaucoup d'œuvres à exposer. En fait, je n'ai rien du tout : ma galerie est vide !

Mais je n'ai pas le temps d'y réfléchir maintenant. Si je ne me dépêche pas, je serai vraiment en retard à mon rendez-vous avec Poppy. Si quelqu'un peut m'aider à savoir ce que je veux, c'est bien elle ! Elle sait résoudre tous les problèmes, et avec le sourire.

J'attrape mon appareil photo, mon cahier de dessin et un ou deux – bon, cinq – tubes de peinture. Je glisse le tout dans mes cheveux, puis file vers la sortie.

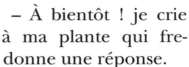

– À bientôt ! je crie à ma plante qui fredonne une réponse.

À peine ai-je ouvert la porte d'entrée que mon nez se retrouve collé à une enveloppe qui pend devant moi. Elle est couverte d'autocollants de fleurs et d'arcs-en-ciel. Quand je la secoue, elle joue de la musique.

Je sais exactement qui me l'a envoyée ! J'arrache toutes les étiquettes jusqu'à l'ouvrir. Dans une mélodie joyeuse, qui vient se mêler à celle du village des Trolls, la lettre se déplie jusqu'à former la phrase « Vous êtes invitée ! »

Je jette un œil à la lettre qui accompagne l'invitation :

> Salut, Harper !
>
> Qu'est-ce que tu fais encore chez toi ?! Saute sur un chenibus et file jusqu'à ta galerie d'art ! Tu es cordialement invitée à organiser avec moi la plus formidable, incroyable et extraordinaire soirée d'inauguration du monde ! VATG (si tu as oublié, ça veut dire Viens Avec Ton Génie).
> À bientôt !
> Plein de câlins,
>
> Poppy

Mon amie est totalement obsédée par les invitations en tout genre ! Lorsque son père, King Peppy, lui donnera la couronne et qu'elle deviendra reine, chaque moment de la journée aura sûrement son invitation. Il y en aura une :

🩸 Au réveil : « Tu es cordialement invitée à ouvrir les yeux, même si techniquement tu ne peux pas lire cette invitation les yeux fermés. »

🩸 Pour se lever : « Merci d'accepter mon invitation à poser tes pieds sur le sol. »

🩸 Pour se préparer à danser : « Tu es attendue… devant le miroir. Merci de donner une réponse rapide à tes pieds, qui veulent impatiemment de tes nouvelles. »

Trêve de plaisanteries, Poppy a raison : qu'est-ce que je fais encore à la maison ? Il me reste beaucoup de travail pour ouvrir ma galerie !

Je descends de mon arbre et je saute sur le dos d'un chenibus. Avec ses poils soyeux et ses nombreuses pattes, il se déplace à une allure impressionnante.

Autour de moi, le paysage défile. Le soleil brille à travers les arbres du village tandis que les Trolls chantent et se balancent avec leurs cheveux. Tout ici respire le bonheur. Et l'ouverture de ma galerie va encore plus nous combler de joie…

chapitre 2

Les gâteaux de Cooper

Poppy

La galerie de Harper est, genre, waouh ! Enfin, elle le sera, quand on s'en sera occupées. Pour l'instant, elle a l'air plutôt vide, avec son panneau « En construction ». Je meurs d'envie d'ajouter des autocollants dessus.

Pareil pour les murs bleus ! Oh, c'est un très joli bleu, comme si on avait mélangé la couleur de mon bandeau avec celle de ma robe.

Mais on pourrait y mélanger un peu de vert, de jaune, de rouge et plein de rose, parce que le rose, c'est ma couleur. Ce serait tellement plus sympa !

– Poppy ? Tu es là ? demande la voix de Harper.

– Bien sûr ! je réponds en me précipitant pour l'accueillir. Cet endroit est… WAOUH ! Je n'arrive pas à croire que tu aies enfin donné vie à ce lieu que tu as imaginé !

Au lieu de se réjouir, mon amie se mordille la lèvre en regardant autour d'elle.

– Tu penses que ça va marcher ? demande-t-elle, hésitante.

Oh, je dois réagir ! Mon amie a besoin de soutien, et vite. Heureusement, je suis presque aussi douée pour encourager que pour envoyer des invitations !

– Harper, bien sûr, que ce sera génial ! Regarde autour de toi ! Il suffit juste d'ajouter la touche finale. Le gala sera le plus grand depuis… bon, il n'y en a jamais eu d'autres avant, mais c'est dire à quel point il sera formidable ! Tous les Trolls seront là !

– C'est un peu ce qui m'inquiète, grimace Harper. Si je n'y arrive pas, tous mes amis seront témoins de mon échec. Je dois organiser une exposition parfaite pour les impressionner.

– *On*, je réponds joyeusement.

– Quoi ?

– Tu veux dire : *on* doit organiser une exposition parfaite. Et on y arrivera, puisque je suis là pour t'aider ! De nombreux Trolls se sont inscrits pour présenter leurs œuvres aujourd'hui. Regarde le nombre de dossiers ! Un, deux, trois, quatre… huit…

Petit à petit, Harper reprend confiance.

– Tu as raison. Avec autant de candidats, on finira bien par trouver quelque chose d'incroyable. Merci, Poppy.

– Pas de problème ! je réponds en la serrant dans mes bras. Allez, installons-nous. Pourquoi pas devant ce rideau mystérieux que tu as tendu au fond de la pièce ? J'aimerais bien savoir ce qui se cache derrière…

J'attends de voir si elle va me donner un indice, mais Harper se contente de sourire.

– Pff, je grogne. Heureusement que j'aime bien les surprises ! Bon, alors installons-nous là pour regarder les candidats. Au lieu de donner notre avis en parlant, on devrait utiliser des cartes ! J'avais un peu de temps, alors j'en ai fabriqué, regarde ! On peut même se servir d'autocollants : tu mets un cœur ici pour dire que tu adores, et deux si… Pourquoi est-ce que tu te moques de moi ?

– Tu es tellement… *toi*, me sourit Harper. Et c'est une bonne chose ! Grâce à toi, cette journée va être géniale. Je ne suis plus du tout inquiète. Merci.

– Je suis comme ça, je déclare nonchalamment. Alors, on appelle le premier Troll ?

– D'accord ! accepte-t-elle.

Pas besoin de regarder qui est le premier sur la liste : des notes d'harmonica nous parviennent déjà. C'est Cooper !

Le Troll tord son long cou puis entre petit à petit dans la galerie. Il porte un grand chapeau sur la tête.

– Qu'est-ce que ça sent ? demande Harper.

Puis elle s'empresse de préciser :

– Je veux dire : ça sent bon ! Tu nous as apporté un gâteau ?

Elle essaie de se montrer détachée, mais la simple idée de manger un dessert de Cooper la fait saliver. C'est un cuisinier exceptionnel !

Et il a plein d'autres qualités. Les Trolls sont géniaux, parce qu'ils sont tous différents. Il y en a des petits et des plus petits encore. Des roses, des violets, des bleus, des verts, des jaunes et des orange… des Trolls avec des robes, des vestes, et même des Trolls tout nus. Mais Cooper est encore plus original : il se déplace à quatre pattes, ce qui lui permet de réussir des danses incroyables ! Et surtout, quand il sourit, tout le monde lui rend son sourire. Tout le monde ! Je le sais, j'ai déjà essayé de lui résister. Enfin, pas vraiment, mais si j'essayais, ça ne marcherait pas, j'en suis SÛRE !

– Allez, Cooper, où est-ce que tu caches tes gâteaux ? je l'embête. Sous ton chapeau ?

– Mon chapeau ? demande-t-il, l'air tellement perplexe que je ne peux pas m'empêcher de glousser. Mais je n'ai rien sous mon chapeau !

Je n'insiste pas. Il est temps de passer aux choses sérieuses.

– Très bien. Alors qu'est-ce que tu vas nous montrer ? je l'interroge.

Cooper sourit et fouille dans son épaisse fourrure avec sa tête. Il en ressort avec un gâteau dans la bouche, puis le dépose fièrement devant nous.

– Je t'ai demandé si tu cachais une pâtisserie, et tu as dit non…

Alors que je proteste, Harper récupère le gâteau.

– Tu voulais savoir si je la cachais sous mon chapeau, répond Cooper. Et ce n'était pas le cas ! Elle était dissimulée dans mon pelage. En tout cas, c'est ma spécialité : un délicieux gâteau au jus de pomme.

Je n'ai pas besoin de plus de détails. Harper est déjà en train de mordre dedans. Tandis que je croque dans l'autre moitié, j'ai envie de pleurer de bonheur.

– Je veux épouser ce gâteau, vivre heureuse et avoir beaucoup d'enfants avec lui, je murmure. Je pourrais en manger une centaine de plus… Minimum !

– Aussitôt dit, aussitôt fait ! répond Cooper en attrapant son harmonica.

Il joue trois notes, et la galerie se remplit soudain de gentils insectes, qui portent tous des friandises sur leur dos. Il y a des tartes, de la confiture et surtout plein de gâteaux ! J'ADORE LES GÂTEAUX !

Alors que les insectes déchargent leur cargaison, je saute sur la table, les yeux exorbités.

– Tout ça, c'est pour nous ?

Cooper hoche la tête et se promène entre les rangées de desserts en énumérant :

– Des tartes à la mandarine, des biscottes au bacon… et des gâteaux explosifs à la mûre sauvage, au gingembre et au citron vert, avec du sorbet par-dessus.

Jusqu'ici, je n'ai pu m'empêcher de répéter le nom de chaque pâtisserie, comme hypnotisée, et Harper m'a imitée. Mais je reste muette devant sa dernière trouvaille.

– Mûre sauvage ?! souffle Harper.

– Avec du sorbet par-dessus, complète Cooper.

J'attrape un gâteau et le mords à belles dents. C'est incroyable.

– Le meilleur petit déjeuner de tous les temps ! articule Harper entre deux bouchées.

– N'oubliez pas les macarons à la noix de coco et à la moutarde, lance Cooper en désignant une autre assiette.

Noix de coco et moutarde ? Harper et moi, nous nous arrêtons de manger et nous nous regardons.

– Oh… Euh… ça a l'air délicieux, explique mon amie en attrapant tous les gâteaux à côté d'elle. Malheureusement, regarde, j'en ai déjà plein les mains.

Zut ! Elle m'a pris mon excuse. Pas grave, j'ai un plan B.

– Et moi, j'ai la bouche pleine ! je déclare en gobant plusieurs parts de tarte à la fois. *Mffll ! Mffll !*

Nous continuons à nous régaler de ces bons gâteaux (sauf celui à la moutarde, parce que j'ai quand même des doutes). Puis nous retournons de l'autre côté de la table où je sors mes cartes de notation.

– Cooper, tu veux bien ranger tes affaires pendant que nous évaluons ta prestation ? demande Harper.

Obéissant, le Troll reprend son harmonica et joue quelques notes pour faire sortir les insectes avec les plats. Pendant ce temps, j'en profite pour avaler un dernier gâteau.

— Alors, qu'est-ce que tu en penses ? je demande à Harper. Si j'avais pris mes autocollants, j'aurais mis dix arcs-en-ciel AU MOINS !

— C'était délicieux, confirme Harper.

— Tu vois ? Je t'ai dit qu'on trouverait facilement des artistes pour ta galerie. Notre premier candidat est super !

Je m'interromps en voyant l'expression de mon amie.

— Quoi ? Tu n'as pas aimé ?

— Si, si, répond-elle. Les gâteaux étaient formidables. Seulement…

– Seulement quoi ?

Les pâtisseries de Cooper suffiraient à rendre fou n'importe quel Troll. Alors pourquoi Harper n'a-t-elle pas l'air excitée ? Peut-être qu'elle a trop mangé et qu'elle a mal au ventre ?

– Seulement… reprend-elle, je sais que la cuisine est un art et que Cooper est super créatif et un pâtissier exceptionnel. Mais les Trolls mangeront tout, et il ne me restera plus rien à la fin. Je n'ai pas envie que ma première – ma toute première – exposition soit comestible !

– O…K…, j'articule en terminant mon gâteau. Mais que veux-tu exactement ?

– C'est bien le problème, je n'en ai aucune idée.

Pauvre Harper, elle a l'air si triste. Je dois trouver un moyen de l'aider. Et j'y arriverai ! Ce sera plus difficile que prévu, mais ce n'est pas grave.

– Je te fais confiance, tu t'y connais mieux que moi, je conclus. Mais je vais quand même donner à Cooper vingt pouces enthousiastes vers le haut.

C'est exactement ce que je note sur ma carte avant de la glisser à l'arrière de mon bloc-notes. Peut-être que Harper changera d'avis sur Cooper avant la fin de la journée ? En attendant, je remercie le Troll… et j'en profite pour récupérer quelques gâteaux de plus !

– Salut ! lance Cooper en escortant les derniers insectes vers la sortie.

Je retourne à la table et glisse les pâtisseries à côté de mon sac. Harper hausse un sourcil.

– Quoi ?! C'est pour plus tard, si jamais j'ai faim, je me justifie. Ne me regarde pas comme ça, j'en ai pris pour toi aussi.

Puis je me tourne vers l'entrée et je hurle :

– Suivant !

chapitre 3

La musique de DJ Suki

Harper

     Poppy est toujours très drôle quand elle ouvre grand la bouche pour se faire entendre. Mais elle a beau crier « Suivant ! » de toutes ses forces, personne ne vient.

Je me penche par-dessus son épaule :
– C'est le tour de qui ?
– DJ Suki, lit-elle en plissant les yeux sur sa feuille.

– Oooh ! réalisons-nous. Elle n'a pas dû nous entendre !

– Je suis sûre qu'elle est devant la porte, je déclare. Je vais la chercher.

DJ Suki a toujours un casque sur les oreilles. Moi, j'aime l'art. DJ Suki adore la musique. C'est toute sa vie. Elle est capable de faire danser les Trolls à toutes les fêtes – c'est-à-dire, tout le temps !

Quand j'ouvre la porte, DJ Suki est concentrée sur la musique qui résonne dans ses oreilles. J'agite les bras pour attirer son attention, sans succès. Finalement, je sors du bourgeon et je lui tapote l'épaule. Surprise, elle fait un bond d'au moins trois mètres ! Heureusement, elle atterrit sur mes cheveux, et je peux la poser délicatement sur le sol en utilisant une de mes mèches.

– J'ai eu si peur, j'en ai les cheveux qui se dressent ! s'écrie DJ Suki en sortant une oreille de son casque.

DJ Suki a de si belles dreadlocks orange, attachées en une queue-de-cheval par un joli ruban violet. Elle a toujours été très stylée, avec sa peau rose vif, ses bracelets qui se balancent à ses poignets et son piercing au nombril.

– Désolée, c'est le seul moyen que j'ai trouvé pour attirer ton attention, je m'excuse. Bon, c'est à ton tour de passer, maintenant. Tu nous montres ce que tu as apporté ? Euh, tu es venue avec quelque chose, pas vrai ?

DJ Suki a les mains vides, mais elle se tapote les cheveux, confiante.

– Tout ce dont j'ai besoin se trouve ici !

Tant mieux. Je ne sais pas ce qu'elle cache, mais je m'attends à tout, avec DJ Suki !

À l'intérieur de la galerie, Poppy nous attend avec impatience. Enfin, elle est surtout en train de grignoter les gâteaux qu'elle avait mis de côté pour plus tard. En même temps, techniquement, on est *plus tard*.

– Salut, Suki, lance-t-elle. On est pressées de voir ce que tu nous as préparé !

– Eh bien, ça risque d'être compliqué, répond la Troll, pendant que je reprends ma place. Parce que ce que j'ai apporté ne se voit pas… mais cela s'entend !

Poppy applaudit, tout excitée :

– Oh, oui ! Une nouvelle chanson ! J'ai hâte ! Tes chansons sont les meilleures, pas vrai Harper ?

– Euh… oui, c'est vrai, mais…

J'aurais dû me douter que DJ Suki nous ferait écouter de la musique. Elle installe rapidement son matériel pendant que Poppy se prépare à danser. Puis elle accroche une boule à facettes… la touche finale !

La musique commence. C'est un mélange si entraînant que personne ne peut y résister. En tout cas, moi, je n'y résiste pas. Je commence à taper dans mes mains en rythme. La boule disco projette de la lumière partout dans la galerie-bourgeon. Et voilà que j'ondule des hanches !

Curieux, un Troll passe la tête par la porte, et Poppy l'invite à nous rejoindre. Il fait signe à d'autres et, bientôt, quatre Trolls se mettent à danser à la queue leu leu. Ils forment un pont avec leurs cheveux et les danseurs passent dessous avant de rejoindre leur place !

DJ Suki augmente encore le volume et la foule s'enflamme. La musique attire les Trolls aussi sûrement que les gâteaux attirent Poppy, et de nombreux autres viennent rejoindre la fête. Bientôt, tout le monde est sur la piste, les bras en l'air. Mon amie se jette sur cette marée de Trolls et passe de mains en mains, flottant au-dessus des gens.

– JE DONNE TRENTE ARCS-EN-CIEL À DJ SUKI, hurle-t-elle.

Aussitôt, mon cœur se serre. J'aime danser, comme tout le monde. J'adore la musique, et DJ Suki est une véritable experte. Seulement la musique, même si c'est un art en tant que tel, ne couvrira pas les murs blancs de ma galerie. Bien sûr, elle peut remplir l'espace… mais différemment. J'aimerais que les gens puissent admirer quelque chose, quelque chose de visible !

Oh, je suis perdue. La musique de DJ Suki est formidable, les gâteaux de Cooper délicieux… peut-être que je me trompe ?

Les chansons s'enchaînent et la fête continue. Mais la matinée se termine… et il ne nous reste plus beaucoup de temps pour choisir l'artiste que nous voulons exposer dans la galerie. Les Trolls continuent à arriver de tout le village. Le bourgeon est plein à craquer et d'autres danseurs attendent même leur tour dehors.

Je devrais être ravie de toute cette publicité pour ma galerie – et je le suis – mais j'ai surtout envie de passer à un autre candidat. J'ai beaucoup d'autres participants à voir en une seule journée. Enfin, *nous* avons beaucoup d'autres participants à voir, parce que ma fidèle amie est censée m'aider. Mais où est-elle ?

– Poppy ! je crie.

Je me mets sur la pointe des pieds pour essayer de la repérer, puis je me faufile à travers les danseurs. Bien sûr, Poppy est au centre de la pièce, au milieu d'un cercle de Trolls qui scandent son nom. Je ne peux pas m'empêcher de sourire tandis que mon amie danse sur la tête et tourbillonne sur ses cheveux.

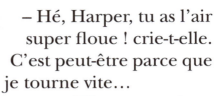

– Hé, Harper, tu as l'air super floue ! crie-t-elle. C'est peut-être parce que je tourne vite…

Elle se projette soudain en l'air puis atterrit sur ses jambes, enfin dans le bon sens. Tout le monde l'applaudit. Puis elle me regarde avec attention et me murmure à l'oreille :

– Quand j'étais à l'envers, j'avais l'impression que tu souriais, mais maintenant, on dirait que tu es triste. Qu'est-ce qui se passe ?

– Je pense juste qu'on a besoin…

Quelqu'un me bouscule et je n'ai pas le temps de terminer ma phrase.

– Tu as TELLEMENT raison, Harper ! J'aurais dû y penser ! crie soudain Poppy, les yeux brillants. On a besoin d'une…

Euh, quoi ?

Elle fouille dans ses cheveux et en sort une…

– … CLOCHETTE ! hurle-t-elle.

Ce n'est pas du tout ce que je voulais dire, mais c'est impossible d'en vouloir à Poppy. Les Trolls la soulèvent dans les airs alors qu'elle agite sa clochette.

Bon. Je prends une grande inspiration. J'ai peu d'espoir que ça marche, mais, moi aussi, je sais faire du bruit. Je mets deux doigts dans ma bouche et…

– *TRIIIIT !*

… je siffle de toutes mes forces.

La musique s'arrête net. Il n'y a plus un bruit. Waouh, ça a mieux fonctionné que je le pensais ! Et maintenant, tout le monde me regarde.

– Euh… je bredouille, nerveuse. Merci de votre attention. Le truc, c'est que… même si on s'est bien amusés – et c'était génial, merci, DJ Suki –, on est bien partis pour faire la fête toute la journée.

Des cris enthousiastes me répondent, et Poppy agite sa clochette jusqu'à ce que je la foudroie du regard. Aïe ! Je déteste devoir être l'empêcheuse de danser en rond. Mais nous avons du travail et nous devons le faire sérieusement !

– J'espère que vous comprenez que nous devons terminer cette fête pour rencontrer les candidats suivants. Bien sûr, vous êtes tous invités pour le gala d'ouverture la semaine prochaine.

Poppy bondit sur la table, pleine d'autorité comme la princesse qu'elle est. J'aimerais tellement lui ressembler.

– Harper a raison ! crie-t-elle. Les talents des Trolls sont si variés qu'on doit prendre le temps de tous les découvrir. Allez, tout le monde, déguerpissez ! Euh… avec de l'amour et de la paix dans vos cœurs, bien sûr. Gros bisous ! Gros câlins !

Les Trolls commencent à quitter le bourgeon. Ils sont déjà en train de discuter de leurs plans pour l'après-midi. Ouf ! Personne n'a l'air énervé.

Bientôt, il ne reste plus que moi, Poppy et DJ Suki.

– C'était génial, les filles ! s'écrie-t-elle. Merci de m'avoir laissée mixer ma musique.

– Non, merci à toi, corrige Poppy. Je ne me suis pas autant amusée depuis hier !

DJ Suki remet ses écouteurs, range la boule à facettes dans ses cheveux et nous laisse seules.

– C'était incroyable, non ? souffle Poppy, les yeux brillants.

– Incroyable ! Écoute, je sais qu'on est en retard, mais on devrait parler de ce qu'elle a fait avant de recevoir le prochain Troll, qui est…

Chut ! Poppy lève un doigt pour me faire taire.

– Tu entends ça ? murmure-t-elle.

Nous ne bougeons plus, les oreilles aux aguets. On entend des rires au loin, des insectes qui bourdonnent dehors et…

– On dirait que quelqu'un pleure, je souffle.

Poppy hoche la tête et nous cherchons partout l'origine de ce bruit. Et nous la trouvons vite, parce que le Troll qui nous fait face est gigantesque.

– Biggie ? appelle Poppy doucement.

chapitre 4

M. Dinkles a disparu !

Poppy

Biggie est plus grand que la plupart des Trolls, mais le plus énorme, chez lui, c'est son cœur. Nous ne sommes donc pas surprises de le voir pleurer contre un mur du bourgeon. Nous nous précipitons vers lui et je me mets sur la pointe des pieds pour lui parler.

– Salut, Biggie. On peut t'aider ?

Il renifle une fois, deux fois, trois fois avant de parvenir à me répondre.

– Non, merci, tout va bien.

Harper et moi sourions jusqu'aux oreilles, parce que nous connaissons bien notre ami. Biggie est grand, doux et câlin… et il n'est pas du genre à être triste.

Quand il pleure, ce sont des larmes de joie. Eh oui ! Même les petites choses, comme un magnifique coucher de soleil ou une coiffure inventive, suffisent à lui emplir le cœur d'émotions. Alors il n'a pas le choix : il doit évacuer le trop-plein en pleurant.

Finalement, il se sèche enfin les yeux et se redresse.

– Bravo, Biggie, je l'encourage. As-tu quelque chose d'extraordinairement extraordinaire pour nous, aujourd'hui ?

Cette fois, il sourit et hoche la tête avec enthousiasme.

— Oui ! En revanche, j'ai besoin d'un peu de temps pour préparer mon numéro. Ça ne vous dérange pas si j'utilise les murs ?

Harper a l'air aux anges. Je suis sûre qu'elle le prendrait dans ses bras si elle arrivait à faire le tour de son ventre. Elle n'attendait que ça ! Je suis si contente de la voir aussi optimiste. Si seulement elle m'avait fait confiance depuis le début. Mon cœur me dit que sa galerie marchera parfaitement. Peut-être qu'elle me croira, maintenant !

— Prends tout le temps que tu veux, Biggie, répond Harper en me traînant presque dehors. On va profiter du soleil. Dis-nous quand tu es prêt !

Cette pause arrive pile au bon moment. Je suis épuisée par toutes ces danses. Et puis j'ai mangé trop de sucre. J'ai bien envie de faire une sieste dans un arbre. J'allonge mes cheveux pour faire un hamac, je l'accroche entre deux troncs et me jette dedans. Avant de fermer les yeux, je regarde Harper qui s'est installée sur une branche et regarde rêveusement dans le vide.

– Je suis tellement contente que tu aies retrouvé ton enthousiasme. Je n'arrête pas de te dire qu'on va pouvoir choisir entre plein d'expositions géniales !

– Je sais, je sais, admet Harper, embarrassée. J'ai douté de toi. Mais je te jure que je regarde le bon côté des choses, maintenant. Désolée…

Je lui fais un clin d'œil, me tourne vers le soleil et ferme les yeux. De vrais amis, une musique géniale, une nourriture délicieuse et une bonne sieste… Cette journée est parfaite !

Au bout de deux secondes, Poppy commence à ronfler. Je sors mon cahier et je commence à la dessiner. Bien sûr, je ne peux m'empêcher de glousser quand elle commence à baver et parler dans son sommeil. Lorsque je change de crayons pour faire les ombres, je me rends compte que beaucoup de temps s'est écoulé. Que fait donc Biggie ?

Je me penche vers Poppy et la secoue gentiment.

– Petite rêveuse, il est temps de te réveiller !

Elle se redresse brutalement dans son hamac, puis se frotte les yeux.

– Est-ce que Biggie est prêt ? me demande-t-elle.

– Je ne sais pas mais ça fait longtemps qu'il est dans la galerie. Tu crois qu'on devrait aller le voir ?

Poppy bâille et s'étire.

– Le soleil est si agréable ! Donnons-lui encore cinq minutes. Oh, tu étais en train de dessiner ?

Je lui montre le dessin que j'ai fait d'elle dans le hamac. Sa bouche s'arrondit de surprise.

– Tu es incroyable avec ces crayons, Harper !

– Merci, je réponds en haussant les épaules. C'est drôle, je m'imagine à quoi ressemblera le portrait dans ma tête. Après, j'ai juste à mettre sur le papier ce que j'ai dans mon esprit. Et toi, c'est pareil avec tes pliages ?

– Parfois, confirme Poppy. Mais c'est sympa aussi d'improviser. Ce que j'adore, c'est essayer plein de choses, sans aucun but.

Je me gratte le menton, perplexe.

— Comment sais-tu que le résultat sera bon ?

— Je n'en sais rien ! Mais ce qui compte, c'est de créer quelque chose.

— Ce qui m'inquiète le plus avec cette galerie, c'est que je ne sais pas à quoi j'aimerais qu'elle ressemble. Si je le savais, je pourrais être plus créative ! Si je pouvais juste me faire une idée de l'exposition que je veux, je saurais comment l'obtenir.

Poppy hoche la tête avec compréhension.

— Je vois… Mais c'est peut-être une bonne chose ! Et puis je t'ai vue peindre. Tu fais comme ça…

Poppy se redresse sur la branche et agite la main comme si elle peignait. Puis elle recule, fronce les sourcils et ajoute une touche de peinture quelque part. Puis elle recommence.

– Je ne ressemble pas à ça ! dis-je en riant.

– Bien sûr que si, insiste-t-elle. Même quand tu sais à quoi ton œuvre ressemblera, tu fais toujours plein de modifications, pas vrai ?

– Oui, j'admets. C'est pour ça que je suis si stressée aujourd'hui. Lorsque je peins, je peux changer des détails, ajuster les couleurs… Mais pour ce gala, tout doit être parfait du premier coup !

– Sinon quoi ? demande tranquillement Poppy. En quoi ce serait horrible si tu échouais ?

– Je ne sais pas…

Je n'y ai jamais réfléchi. Je sais juste que ce serait affreux.

— Imaginons que l'Incroyable Galerie de Rêve de Harper – c'est comme ça que je vais l'appeler jusqu'à ce que tu lui trouves un nom, d'accord ? – soit un échec total. Est-ce qu'on restera les meilleures amies du monde ?

Je la regarde, bouche bée, et elle me donne un coup sur l'épaule.

— Tu prends trop de temps à répondre alors que c'est évident ! La bonne réponse est OUI ! Et puis il n'y a pas que moi. Les autres Trolls ne sont pas du genre à te juger non plus. Du coup, même si ta galerie ne marche pas, nous serons toujours tes amis !

Elle a raison.

— Dans ce cas, pourquoi est-ce que j'ai si peur ? Comment faire pour ne plus stresser ?

— Peut-être qu'il n'y a pas de remède, répond Poppy en me serrant dans ses bras. C'est toujours effrayant de tester de nouvelles choses. Mais si tu ne prends pas de risques, tu ne progresseras jamais !

Mon amie descend le long du tronc et je l'accompagne jusqu'au sol. Je vais essayer de réfléchir à tout ce qu'elle m'a dit, pendant que nous recevrons les candidats suivants. Et d'ailleurs…

Poppy suit mon regard jusqu'au bourgeon, immobile et silencieux.
– Tu crois que Biggie a besoin d'aide ? Peut-être qu'il pleure tellement de joie qu'il n'arrive pas à nous appeler ? Peut-être que M. Dinkles avait besoin de nouveaux habits et que ça l'a perturbé ?

Je n'avais même pas songé à ça ! Biggie est tellement mignon quand il se consacre aux minuscules boutons du costume de son ver de terre domestique… Ça lui prend beaucoup de temps.

J'attrape Poppy par la main et l'entraîne vers le bourgeon.

– Allons voir ce qu'il fabrique !

À peine entrée dans la galerie, je heurte quelque chose de mou et de solide à la fois.

– Aïe ! je crie, coincée dans le gros ventre de Biggie.

– Je venais justement vous chercher, annonce le Troll, tout fier. Tada !

Il s'écarte pour nous montrer son exposition. Chaque centimètre de mur est recouvert de photos encadrées.

Chaque centimètre.

Il y en a même plusieurs centaines qui pendent du plafond par des cordes de cheveux de Trolls.

– Au moins, on n'a plus à s'inquiéter d'avoir des murs vides, je déclare. Mais elles sont toutes pareilles !

En effet, j'ai beau me tourner pour regarder dans toutes les directions, je ne vois que des photos de M. Dinkles.

– Pas du tout, corrige Harper en m'indiquant deux clichés près de l'entrée. Sur celui de gauche, le chapeau est à quarante-cinq degrés, alors qu'à droite, il est à cinquante degrés.

Elle a raison. Incroyable ! Rien n'échappe à son œil d'artiste ! Et maintenant qu'elle en parle, je découvre des différences subtiles entre chaque photo.

– Waouh, Biggie, c'est impressionnant ! je murmure.

Effectivement, sa collection est énorme. Il a réussi à photographier son ver de terre dans toutes les positions possibles. Harper semble admirative, elle aussi. Elle se déplace lentement de photo en photo.

– Oh, celle-ci est un poil surexposée, tandis que celle-ci est sous-exposée de deux crans. Pas vrai, Biggie ?

Il ne peut pas répondre, car il pleure de nouveau de joie.

– Je suis si heureux de voir tant de M. Dinkles au même endroit, s'écrie Biggie.

– Il est là, là, là, là, là, là, là, là, là, là, là, et…

Soudain, Biggie m'interrompt et regarde dans sa main.

– Il n'est pas là !

– Quoi ?! je crie en même temps que Harper.

M. Dinkles est TOUJOURS dans la main de Biggie, il n'en bouge JAMAIS.

– Où a-t-il pu aller ?

Je m'approche de Biggie, mais il lève son bras géant pour me stopper.

– Attends ! Ne bouge pas !

Je me fige, un pied en l'air. Biggie examine le sol devant moi.

– C'est bon, tu peux marcher ici. Mais seulement ici. M. Dinkles est si petit. Un seul faux mouvement et…

Il n'arrive pas à finir sa phrase. Pour la première fois, on dirait qu'il va pleurer… de tristesse. Hors de question que ça arrive !

– M. Dinkles ! j'appelle. Hou, hou, M. Dinkles !

Nous avons beau tendre l'oreille, nous n'entendons aucune réponse.

– Le retrouver, c'est ma priorité ! Opération recherche et/ou sauvetage de M. Dinkles commencée. Biggie, ne t'inquiète pas. On le retrouvera, foi de princesse.

Biggie a l'air rassuré. Heureusement, parce que Harper me regarde avec de grands yeux.

– Voilà ce qu'on va faire. Je vais lancer une mission de recherche exceptionnelle. M. Dinkles sera dans tes bras avant que tu aies le temps de dire : « Les Trolls sont géniaux. »

– Les Trolls sont géniaux, réplique Harper.

– Bon, d'accord, peut-être pas si vite. Mais vite, en tout cas.

Mon amie se mordille la lèvre.

– Il n'a pas dû aller loin, me rassure-t-elle. Mais je m'inquiète pour tous les Trolls qui attendent de nous présenter leur projet. Est-ce que…

– Bien sûr ! je l'interromps. Continue le programme, comme prévu ! Je vais retrouver M. Dinkles et je te rejoindrai avant que tu aies remarqué mon absence.

Harper hoche la tête. Je me retourne – prudemment – vers Biggie qui gémit dans son coin.

– OK, mon grand. Quand est-ce que tu as vu M. Dinkles pour la dernière fois ?

– Quand je suis arrivé ici, je crois. J'avais besoin de mes mains pour accrocher toutes les photos, alors je l'ai posé près des gâteaux. Il a fait ce petit bruit qu'il fait toujours, *miaou*. Un *miaou* tout mignon…

– C'est si chou, je confirme. Et donc… ?

– C'était sa manière de me dire qu'il ne voulait pas être posé, alors je l'ai repris dans la main pour qu'il puisse dormir, et j'ai tout accroché d'un seul bras. Je ne me rappelle pas avoir rouvert le poing, mais j'imagine que j'ai dû le faire puisque…

Il s'interrompt et regarde tristement sa paume vide. Pendant ce temps, Harper examine méthodiquement le sol.

– Très bien, on progresse, je dis de ma voix la plus joyeuse. Et sinon, que portait-il aujourd'hui ?

– Ça dépend, à quelle heure ? demande Biggie.

– Euh… son dernier costume ! Ce qu'il portait quand tu l'as posé près des gâteaux.

– Ah oui ! Eh bien, il avait son petit chapeau haut-de-forme sur sa tête toute mignonne. Et… et c'est tout. J'allais justement le changer, j'avais ce tee-shirt à lui mettre, une fois toutes les photos accrochées…

– Bon, je pense qu'il n'est pas dans ce bourgeon, je conclus. Sinon, il nous aurait répondu, depuis le temps. Allons voir les autres Trolls, d'accord ?

Biggie lève le pied, puis hésite à le reposer.

– Il n'est pas sur le sol, murmure Harper en lui serrant le bras. J'en suis sûre à 1 000 %.

Le Troll hoche la tête puis se dirige enfin vers la porte. Je le suis et je me retourne vers mon amie.

– Vas-y, me dit-elle en grimaçant. Il faut que tu l'aides. Je me débrouillerai toute seule.

Sa voix se brise à chaque mot. Je sais qu'elle a des doutes, mais je la serre dans mes bras et lui fais un grand sourire.

– Tu vas y arriver ! C'est évident. Tu vas gérer ! Rappelle-toi notre conversation de tout à l'heure : tu dois te faire confiance !

Elle hoche lentement la tête, les yeux baissés.

– Je m'en souviendrai.

Alors que je rejoins Biggie dehors, nous rencontrons des Trolls que nous interrogeons. Biggie sort de ses cheveux de nombreuses photos accrochées en accordéon, tellement nombreuses qu'elles forment une ligne de plus de six mètres !

– Bon sang ! s'écrie Smidge.

La Troll fait la queue devant l'entrée de la galerie. Elle doit avoir quelque chose à présenter, elle aussi. Je me demande ce que c'est… Elle a toujours été douée pour le crochet et elle adore la musique hard rock. Mais ce n'est pas le moment d'y penser. Il faut trouver M. Dinkles !

– Oh, Biggie, nous sommes désolées, disent Satin et sa sœur, Chenille.

– On va t'aider ! s'écrie Smidge en fouillant un tronc d'arbre à côté d'elle.

La Troll ne tient pas en place, alors je ne suis pas surprise qu'elle soit déjà en train de chercher. Lorsqu'elle n'escalade pas des arbres, ne rebondit pas sur des champignons, ne surfe pas sur des insectes ou ne fait pas du saut à l'élastique avec ses cheveux, elle aime soulever des poids, comme une haltérophile. Elle est très petite, mais elle peut porter des charges très lourdes !

— Satin et Chenille, vous croyez que vous pouvez fouiller la clairière en attendant que Harper vous appelle ? je demande.

— Bien sûr, répondent les jumelles en même temps.

Elles sont reliées par leurs cheveux, mais parfois, on a l'impression qu'elles partagent aussi le même cerveau.

Smidge est toujours occupée à fouiller le tronc d'arbre, lorsque je l'appelle :

— Je crois que Harper est prête à te recevoir. Dis-lui que Biggie et moi allons prévenir le village pour que tout le monde nous aide à chercher. On va retrouver M. Dinkles, Biggie !

Il hoche la tête et me laisse le guider loin d'ici. Il a l'air si triste. On doit ABSOLUMENT résoudre ce mystère !

chapitre 5

Enfin un indice !

Harper

Me faire confiance. Je dois me faire confiance. Dit comme ça, ça n'a pas l'air difficile. Je le fais à chaque fois que je prends un pinceau ou un crayon. Alors peut-être que je peux y arriver ?

Voilà ce que je me répète tout en enlevant les photos qui pendent du plafond, pour laisser la place au prochain candidat.

J'espère qu'il n'aura pas besoin des murs… J'ignore comment Biggie a réussi à tout installer tout seul !

Soudain, Smidge entre dans le bourgeon. C'est amusant de la voir immobile, le temps que ses yeux s'habituent à la pénombre. D'habitude, elle ne tient jamais en place.

– Je suis là ! je crie.

Elle fonce vers moi. Sa philosophie a toujours été : pourquoi marcher quand je peux courir ?

Je me demande vraiment ce qu'elle m'a préparé.

– J'ai hâte de voir ton exposition ! dis-je.

– J'ai hâte de te la montrer, répond Smidge.

Elle sourit puis se met de dos, les hanches tournées pour pouvoir me regarder, les pieds écartés de la largeur de ses épaules. Elle contracte ses muscles et ses énormes biceps apparaissent. Puis elle prend d'autres poses.

– Juste histoire d'être sûre pour pouvoir l'expliquer à Poppy, ton exposition, ce sont… tes muscles ?

– Mon corps est une œuvre d'art, répond fièrement Smidge.

Bon, elle n'a pas tort. Ce n'est pas de l'art au sens traditionnel, mais il faut avoir l'esprit ouvert. J'aimerais que ma galerie puisse représenter toutes les sensibilités.

– C'est vrai, tu as l'air en pleine forme, j'admets.

Smidge sourit jusqu'aux oreilles puis elle s'allonge sur le sol pour faire quelques exercices d'assouplissement. Soudain, elle s'interrompt :

– Bon sang ! J'ai une idée !

Elle court jusqu'à l'entrée de la galerie et tape dans ses mains. En réponse, de nombreux Trolls viennent la rejoindre.

– Escaladez-moi ! ordonne-t-elle en tendant ses bras.

Les Trolls n'hésitent pas une seconde : ils adorent découvrir de nouvelles choses ! L'un d'eux grimpe sur son bras puis se hisse dans ses cheveux. Le suivant vient s'installer sur le premier. Bientôt, ils forment une pyramide !

Smidge pousse un grognement, puis elle pousse de toutes ses forces avec ses cheveux et soulève la pyramide entière jusqu'au plafond.

– Incroyable ! je m'écrie. Smidge, tu es formidable !

Un par un, les Trolls redescendent et Smidge ne bouge pas d'un poil. Elle n'a même pas transpiré sous l'effort. Mais elle n'attend pas que je note sa prestation et s'enfuit avec les autres. Je reste seule, muette d'admiration. Pour devenir si forte, elle a dû s'entraîner jour et nuit. Ses muscles SONT une œuvre d'art, c'est indéniable.

Mais est-ce que je peux faire une exposition uniquement sur la force de Smidge ? Je ne sais pas.

J'aimerais tant que Poppy soit là pour m'aider. Ce n'est pas si facile de se faire confiance, finalement. Et puis, si elle était là, elle serait en train de pousser des grands cris en voyant les deux Trolls qui viennent d'entrer dans le bourgeon.

– Salut, Satin ! Salut, Chenille ! Vous avez des nouvelles de M. Dinkles ?

Elles secouent la tête, ce qui n'est pas facile quand on est reliées par les cheveux.

– Non, disent-elles en chœur. On a fouillé la clairière, puis Poppy est partie avec Biggie pour organiser de plus grandes recherches.

Je ne m'attendais pas à ce que mon amie soit déjà de retour, mais j'avais tout de même un espoir. D'abord parce que ça aurait voulu dire qu'elle avait retrouvé M. Dinkles, mais aussi parce qu'elle aurait pu assister à l'exposition des sœurs jumelles. Elles sont les meilleures couturières du village, et Poppy adore la mode, comme toutes les princesses.

– Vous avez amené des vêtements ?

– Des vêtements ? répète Satin. Oui, on en a amené.

– On a amené TOUS nos vêtements, ajoute Chenille. Prête ?

Je hoche la tête tandis que les jumelles filent chercher une énorme valise remplie à ras bord. Puis elles amènent des penderies. Il y en a tellement ! Je ne peux pas m'empêcher de toucher les tissus.

Quelles couleurs ! Quelles broderies ! Quelles matières ! Voilà qui éveille vraiment ma curiosité !

– Est-ce que vous avez un mannequin ? j'interroge les deux sœurs.

– Oh, évidemment, répondent-elles en me regardant avec amusement.

Je me montre du doigt et elles hochent la tête à l'unisson.

– Oui, toi. Enfin, si ça te va !

J'accepte en souriant. Ça peut être drôle !

Les jumelles sont parfaitement coordonnées dans leurs mouvements. Elles récupèrent une robe jaune vif, avec des boutons en forme de fleur, et l'enfilent sur ma blouse. Puis Chenille pose un chapeau noir sur ma tête. Les sœurs retournent ensuite une penderie pour dévoiler un miroir gigantesque.

– Alors, tu aimes ? demandent-elles en chœur.

– Oh, oui, je réponds, le souffle coupé. En fait, j'adore !

Je tourne sur moi-même pour voir la robe virevolter autour de moi. C'est tellement… artistique !

– Et ça ne fait que commencer ! lance Satin.

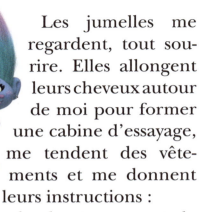

Les jumelles me regardent, tout sourire. Elles allongent leurs cheveux autour de moi pour former une cabine d'essayage, me tendent des vêtements et me donnent leurs instructions :

– Ouvre tous les boutons avant de la mettre ! Jette la robe jaune dans un coin ! Mets les gants à la fin !

J'obéis, puis j'ouvre le rideau de cheveux pour leur montrer la combinaison violette qu'elles m'ont tendue.

– Qu'est-ce que vous en pensez ?
– Oui, oui, tellement oui ! s'écrient les deux filles.

J'admire leur travail, mais c'est aussi très drôle de jouer les modèles. J'avance comme un mannequin sur un podium. J'aimerais tellement que Poppy soit là !

Elle jouerait encore mieux les divas que moi.

– Ces vêtements sont incroyables, dis-je aux jumelles. Puisque c'est pour une exposition, je me demandais si vous auriez… quelque chose d'encore plus fou ! J'aimerais vraiment que tout le monde dans le village parle de cette galerie.

Les sœurs se regardent, puis sourient :
– Il suffisait de demander ! s'écrient-elles.

Elles commencent à discuter entre elles dans un langage des signes secret, et inspectent robe après robe, jusqu'à ce que les penderies soient vides et le linge à terre. Finalement, elles me font signe de retourner dans la cabine d'essayage et m'y accompagnent pour m'aider. Je les sens ajuster quelque chose, tirer sur une bretelle, sans savoir exactement ce qu'elles font.

Puis elles me placent devant le grand miroir. Et je reste muette de stupeur.

Mes cheveux partent dans toutes les directions et un nid d'oiseau repose sur ma tête. Mes yeux sont recouverts d'un masque dont les bords ressemblent à des ailes de dragon. Un chemin de perles court le long de mon nez. Et ce n'est pas tout ! Je suis couverte des pieds à la tête de… je ne sais même pas quoi, mais c'est beau ! On dirait parfois de l'herbe, parfois des cheveux ou des pétales de fleurs colorées.

– On appelle ça *Un matin sur le lac*, annoncent les jumelles à l'unisson.

– C'est incroyable, je souffle. Et si créatif !

Je commence à réfléchir à toute allure en imaginant à quoi ressemblerait une exposition de haute couture.

– On devrait créer une collection spécifique, peut-être utiliser des mannequins ou les mettre sur un présentoir…

Mais je ne devrais pas me soucier de ça, maintenant. J'ai beaucoup d'autres projets à découvrir et je suis déjà très en retard. Je jette un dernier – long – regard dans le miroir, puis soupire et enlève le costume.

– Grâce à vos vêtements, j'ai eu l'impression de porter une œuvre d'art, comme mes tableaux, mais de manière différente. Je vous admire ! Et maintenant, rangeons tout ça !

En effet, le bourgeon est rempli de costumes froissés et de cintres abandonnés. Satin m'envoie une penderie vide sur laquelle j'accroche une robe, quand, soudain, quelque chose en tombe.

– Le chapeau de M. Dinkles !

– Quoi ?! s'écrient les jumelles en se précipitant pour mieux voir.

On ne peut s'y tromper avec toutes les photos encore au mur : c'est bien le sien.

– Il doit être sous les vêtements ! je réalise. J'espère qu'il peut encore respirer ! Ne t'inquiète pas, M. Dinkles, on vient te sauver !

Nous commençons toutes les trois à ranger les hauts, les robes, les jupes et les chapeaux en les secouant délicatement… Bientôt, la pièce est de nouveau impeccable… mais M. Dinkles reste introuvable.

– Le chapeau a pu tomber plus tôt, quand Biggie préparait son exposition, suggère Chenille.

– Tu as raison, je soupire. On a espéré trop vite.

– Quelqu'un finira bien par le retrouver, me réconforte Satin.

Les deux sœurs me laissent seule, les yeux dans le vague. Nous n'avons pas retrouvé M. Dinkles… mais j'ai réussi à retrouver le bloc-notes avec l'ordre de passage.

Le prochain candidat est Guy Diamant. Mais je suis tellement déçue de ne pas avoir trouvé le ver de terre alors que je le pensais à portée de main. Si les photos pouvaient parler, je suis sûre qu'elles me diraient : « Harper, comment peux-tu penser à ta galerie alors que Biggie me cherche partout ? »

Il a raison. Moi aussi, je dois aider. Pourquoi est-ce que je ne m'en suis pas rendu compte avant ?

J'arrache une page de mon cahier et écris une note pour Guy Diamant : « Je reviens dès que j'ai trouvé M. Dinkles. Cherche-le aussi en attendant mon retour ! »

Puis j'attrape une branche avec mes cheveux et je bondis hors de la galerie.

Paf !

– Ouille… je grogne.

– Poppy ? dit une voix.

– Harper ? Qu'est-ce que tu…

Nous nous relevons péniblement après nous être rentrées dedans. Heureusement, nous allons bien et nous gloussons en voyant notre état, les cheveux dans tous les sens.

– Si tu es là, c'est que tu as trouvé M. Dinkles, suggère Harper, pleine d'espoir.

– Pas encore. Des Trolls fouillent tout le village, alors je me suis dit que je pouvais revenir ici. Après tout, c'est là qu'il a disparu. Il est si petit, il n'a pas dû aller bien loin.

– Bonne remarque, admet Harper. Je venais justement t'aider.

– C'est vrai ? Ça veut dire que tu as trouvé le candidat idéal, alors ? Oh, lequel as-tu choisi ? Satin et Chenille ? Je suis sûre que…

– Non, me coupe-t-elle. Je n'ai pas encore choisi. Mais j'aurais dû proposer mon aide dès le début. Je ne voulais pas décevoir les Trolls qui se sont inscrits au concours, mais je sais qu'ils comprendront. Et puis nous avons trouvé son chapeau haut-de-forme et…

– C'est vrai ?! je m'écrie. C'est génial ! Où ça ? Quand ça ? Comment ça ?

Harper lève la main pour me calmer.

– Ce n'était que son chapeau… On a cherché dans tous les vêtements mais on n'a rien trouvé d'autre.

– Ça reste un indice, je proteste. Le premier de la journée. Laisse-moi voir !

– Très bien. Suis-moi, je vais te montrer où on l'a découvert.

Nous retournons dans la galerie. Comme Harper l'a dit, il n'y a aucun ver de terre sur le sol. Je tourne lentement sur moi-même, lorsque quelque chose attire mon attention.

– Hé, on n'a jamais regardé derrière le rideau que tu as mis à l'arrière, n'est-ce pas ?

Je me prépare à le soulever, mais mon amie se précipite pour m'interrompre.

– Non ! C'est une surprise ! C'est moi qui vais regarder !

Zut ! Moi qui espérais jeter un coup d'œil…

Malheureusement, Harper revient les mains vides. Mais nous n'abandonnons pas ! Nous…

Soudain, une voix électronique résonne dans la galerie.

– On dirait… commence Harper.

– Si tu allais finir ta phrase par « douze centimètres de pures paillettes », alors tu as raison ! lance un Troll derrière la porte d'entrée.

Harper sourit jusqu'aux oreilles.

– Je sais reconnaître un autre artiste quand j'en vois un. Guy Diamant va certainement nous présenter quelque chose de formidable. Quand on aura trouvé M. Dinkles, bien sûr !

– Je suis certaine qu'il nous aidera à chercher, je réponds au moment où le Troll brillant entre dans la pièce.

Guy Diamant est une boule disco vivante. Sauf que les boules à facettes projettent de la lumière alors que le Troll envoie des paillettes. Il en est couvert des pieds à la tête. On n'a jamais trop de strass !

Lorsqu'il apprend que M. Dinkles a disparu, il est aussitôt prêt à aider.

– Oùùù eeest-ce qu'on cheerche ? demande-t-il de sa voix électronique.

– Dans les branches des arbres. Smidge a fouillé les troncs, mais peut-être que le ver est monté plus haut ?

– Exxxxcellente idééée, acquiesce Guy Diamant en projetant une nuée de paillettes.

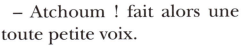

– Atchoum ! fait alors une toute petite voix.

Nous nous regardons tous, pétrifiés.

– Vous avez entendu ? murmure Harper.

Nous n'osons même pas cligner des yeux, mais il n'y a plus de bruit.

– Guy Diamant, je murmure, renvoie des paillettes !

Il hausse les épaules et obéit. Aussitôt, on entend un nouvel éternuement.

– Ça venait de là-bas ! je crie.

Harper se précipite vers l'une des photos de M. Dinkles. J'ai beau regarder, je ne vois rien d'anormal.

Puis le ver éternue.

C'est lui ! C'est le vrai M. Dinkles ! Il s'était tellement bien glissé sur la photo que personne ne l'avait vu.

– Est-ce que tu t'es endormi ? je chuchote en le berçant contre moi.

– *Miaou*, répond-il en clignant innocemment des yeux.

– Il devait si bien dormir qu'il n'a pas entendu nos appels, réalise Harper.

– On doit le ramener à Biggie. Il va être tellement heureux ! je m'écrie. Harper, je suis désolée, je te laisse avec Guy Diamant.

– En faaait, on devraaait tous y alleeer, corrige Guy Diamant. Je vous amèèènerai à mon expoosition aprèèsss.

Nous « amener » ? Ce n'est pas le moment de poser des questions, alors nous sortons de la galerie à la recherche de Biggie.

chapitre 6

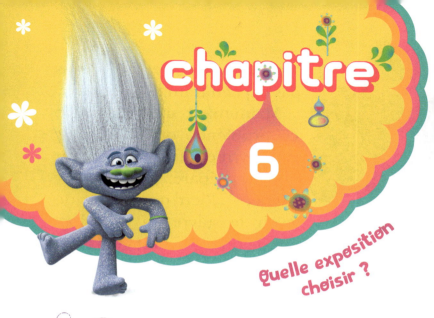

Quelle exposition choisir ?

Harper

Poppy est joyeuse 100 % du temps, je suis donc habituée à voir des gens heureux. Mais son bonheur habituel ne peut se comparer à celui de Biggie quand on lui ramène M. Dinkles. Ses larmes pourraient former une vraie rivière.

– Oh, M. Dinkles, je suis tellement content que je pourrais pleurer, bredouille

Biggie. Je veux dire, si je n'étais pas déjà en train de le faire.

Maintenant qu'on a réglé ce problème, on va pouvoir découvrir ce que Guy Diamant nous a préparé. Je suis super excitée ! Rien que l'idée de devoir le suivre au lieu d'attendre dans le bourgeon est géniale.

Guy Diamant nous amène de l'autre côté du village des Trolls. Au fur et à mesure, d'autres Trolls se joignent à nous. Ils ne savent pas où nous allons, mais ils ont toujours aimé suivre Guy Diamant. En file indienne, nous nous balançons d'arbre en arbre avec nos cheveux. Enfin, nous arrivons dans une petite clairière. Elle est magnifique !

– C'est beauuu, heiiin ? dit Guy Diamant en souriant.

Il fait signe aux autres de reculer, mais garde Poppy et moi près de lui. Il nous fait asseoir sous un champignon à pois rouges. Je serre la main de mon amie. J'ai hâte de voir ce qui va se passer !

– Feeermez les yeeeux, lance Guy Diamant. Quand je vous le diraiiii, ouvrez-leees… Maiiiintenant !

Nous ouvrons les paupières et poussons un cri de surprise.

– On dirait qu'on est dans une boule à neige ! s'écrie Poppy, stupéfaite.

Guy Diamant a fabriqué une douche de paillettes avec le champignon. Nous sommes englouties dans un univers étincelant !

– C'est magique, je murmure quand je retrouve mes mots.

C'est difficile de définir l'art. Quelqu'un peut aimer une chose et un autre la détester. Est-ce qu'on appelle « art » ce qui est dur à faire, comme une sculpture compliquée, à la différence d'un gribouillis sur un papier ? En tout cas, pour moi, l'art, c'est ce qui nous fait ressentir une émotion. Parfois positive, parfois négative, mais quelque chose. Et en ce moment, avec toutes ces paillettes qui tombent, je suis tellement heureuse…

Nous retournons au bourgeon pour discuter des numéros de la journée. Pour être honnête, je pensais qu'à cette heure, Harper aurait déjà fait son choix. Selon moi, toutes les expositions que nous avons vues sont extraordinaires !

Mais c'est bien connu, j'ai plus d'un tour dans mon sac ! Tout va bien se passer… J'ai des gâteaux pour passer le temps, et, surtout, j'ai un plan.

Heureusement, d'ailleurs, parce que Harper semble être à deux doigts de craquer.

– Soyons organisées, je propose. Si tu me donnes trente secondes, je pourrai faire un tableau des « pour » et des « contre » pour que tu puisses te décider. Bien sûr, je me débrouillerais mieux si j'avais mes pliages avec moi, mais on fera sans.

Harper hoche tristement la tête et je me mets au travail. Ce serait plus joli avec des décorations et des paillettes, mais le résultat n'est finalement pas trop mal.

– Alors, par quoi veux-tu commencer ? je demande.

– C'est bien le problème, soupire Harper. On a vu plein de numéros, mais je ne sais toujours pas par où débuter. C'est sans espoir. Je devrais laisser tomber mon gala… et même ma galerie.

Oh, là, là ! Elle est encore plus déprimée que je le pensais.

– Détends-toi, on a des super participants, il suffit juste de se concentrer.

Je commence à écrire dans mon tableau le nom de tous les candidats.

– Discutons de leurs prestations une par une. Je suis sûre que tu vas y voir plus clair. Commençons avec Cooper.

Harper hésite encore. Elle ramasse les fiches que j'ai faites sur chaque candidat et les regarde une à une.

– Poppy, tu as mis vingt sur vingt à tout le monde !

– Évidemment, puisque je les ai tous beaucoup, BEAUCOUP aimés !

Elle soupire mais ne peut s'empêcher de sourire.

– Bon, je reprends. Commençons par le début, à savoir le petit déjeuner. Rien que de repenser à ces gâteaux, ces tartes, ces pâtisseries… c'était incroyable !

– C'est vrai, je suis d'accord avec toi.

– Tu veux dire que tu es vraiment convaincue que Cooper peut faire l'exposition d'ouverture ?

Mais j'ai comme dans l'idée que ça ne va pas être aussi simple…

Non. Harper secoue la tête.

– J'ai vraiment aimé. Vraiment. Mais je me demande si c'est une bonne idée de le choisir.

Je bondis et lui fourre un des gâteaux qui me restaient dans la bouche. Ses yeux s'écarquillent, puis elle mâche avec délice.

– Ose me dire que ce n'est pas parfait !

– Ses pâtisseries sont divines, articule-t-elle une fois la dernière bouchée avalée. C'est juste que…

Elle s'interrompt pour chercher ses mots, mais peu importe : je peux attendre qu'elle les trouve. En attendant, je dessine des fleurs sur les côtés du tableau. Je ne dis pas un mot et lui laisse le temps dont elle a besoin.

Oui, je peux attendre.

Et attendre.

Et attendre encore.

Après plusieurs minutes, je commence à me dire qu'elle ne trouvera jamais ce qui la dérange dans l'exposition de Cooper. Pas grave. Le tableau sert à ça !

– Bon, je note : « Incroyablement délicieux » dans la colonne « Pour ». Donne-moi vite quelque chose pour la colonne « Contre », sans réfléchir.

– Euh… répond Harper. Ils dépendent trop… de la météo !

– Hein ?! De quoi tu parles ? Ce sont des tartes et des gâteaux ! Et on sera dans un bourgeon !

– Oui, mais s'il y a trop de Trolls lors de la soirée d'inauguration, il fera chaud, et le glaçage des gâteaux pourrait fondre…

Elle-même n'a pas l'air très convaincue par ses arguments. Mais j'obéis et j'écris : « Résiste mal à la chaleur » dans la colonne des « Contre ». Puis je note : « Les Trolls seront heureux parce qu'ils auront bien mangé » dans les « Pour ».

– Et s'ils mangent trop et font une indigestion ? se désole Harper.

– Tu vois, on progresse ! dis-je en notant ça aussi. Bon, ça fait deux « pour » et deux « contre ». Passons au candidat suivant : DJ Suki. Sa fête était formidable ! Grâce à sa musique, tout le monde s'amusera !

J'écris : « Met l'ambiance » dans le tableau, mais Harper ne m'écoute pas. Elle est concentrée sur autre chose. Soudain, elle claque des doigts.

– Je sais ! s'écrie-t-elle. Je sais ce qui me dérangeait chez Cooper. C'est la même chose chez DJ Suki ! J'adore les pâtisseries de Cooper. Tout le monde les aime… parce qu'on les a tous déjà goûtées ! Et il peut nous en cuisiner quand on veut ! C'est pareil avec DJ Suki. Sa musique est incroyable mais on a déjà souvent dansé dessus. Tu comprends ?

Hum… Je suis sûre qu'il y a une autre manière de voir les choses, mais Harper est lancée :

– Personne n'a vu l'exposition de Biggie en tant que telle, mais il n'arrête pas de distribuer des photos de M. Dinkles à tout le monde. Quant à Smidge… elle est si fière de sa force qu'elle exhibe ses muscles à longueur de temps. On l'a tous déjà vue à l'œuvre !

Hors de question que je laisse Harper continuer.

– Je n'ai pas vu la collection de Satin et de Chenille, mais je suis sûre qu'elle était originale. Et si je me base sur ce que je sais d'elles, ça devait être exceptionnel !

Cette fois, Harper hoche la tête.

– Tu as raison.
– Tu vois ! Et Guy Diamant ? C'était super original, aussi !

D'accord, il projette souvent des paillettes partout où il passe, mais personne n'a pu tester une douche comme celle que nous avons prise !

Du coup, sur mon tableau, j'écris « Original » dans les cases des sœurs jumelles et de Guy Diamant.

– Et ce n'est pas tout ! Personne n'a jamais vu autant de portraits de M. Dinkles au même endroit. Cooper pourrait sûrement trouver une recette qu'aucun Troll n'a jamais testée, et Smidge pourrait inventer une nouvelle figure. Tu vois, tout est possible ! Tu n'as plus qu'à choisir et on pourra rentrer chez nous !

chapitre 7

Creek à la rescousse

— Tu sais qui pourrait t'aider à te décider ? me demande Poppy. Creek !

Elle pousse un soupir rêveur et je me joins à elle sans réfléchir.

— Ah… oui… Creek, je murmure.

— On m'appelle ? questionne justement l'intéressé.

Je me tourne vers l'entrée où un Troll couleur lavande vient de passer la tête.

– Comment as-tu su… ? je commence, gênée.

– J'ai senti une aura perturbée en passant, répond-il.

Poppy semble se moquer des raisons de Creek, elle est juste contente de le voir. Elle bondit sur lui et le tire à l'intérieur.

– Oh, Creek, tu es si parfait ! Euh, je veux dire, c'est si parfait que tu sois là !

Je comprends qu'elle ait hésité. Creek est en effet plutôt parfait. Et il sait toujours quoi dire, en toutes circonstances.

– Racontez-moi, souffle-t-il.

Nous commençons à parler en même temps, mais nous sommes si enthousiastes qu'il finit par lever la main pour nous arrêter. Nous nous taisons aussitôt. Creek est fascinant.

– Harper, commence, me dit-il.

Je lui raconte la manière dont je n'arrive pas à trouver l'exposition parfaite.

Pour toute réponse, il hoche la tête.

– Poppy, tu as quelque chose à ajouter ? demande-t-il.

– Bien sûr ! Regarde, j'ai fait un super tableau !

Elle le lui tend et il l'examine avec attention.

– Belle écriture, admet-il.

Poppy manque de s'évanouir devant le compliment tandis que je réprime un gloussement. Creek nous regarde toutes les deux.

– Je comprends… fait-il enfin.

– Ah… ah bon ? Je murmure, soulagée.

Il me sourit et mon cœur se calme aussitôt, apaisé.

– Commençons par le commencement, reprend Creek. Tu n'imaginais pas ce type d'expositions. À quoi est-ce que tu t'attendais, Harper ?

– C'est bien le souci, je soupire. Je n'ai pas d'idée précise de ce que je voulais. Mais… j'aimerais qu'il y ait quelque chose sous un énorme rideau, au milieu de la pièce, sur un chevalet, avec un éclairage parfait. Et le drap dissimulerait l'œuvre jusqu'au moment magique où je l'enlèverais, et où tout le monde pousserait des « oooh » et des « aaah » admiratifs. Enfin… quelque chose comme ça.

– Ce serait génial, Harper ! s'écrie Poppy en applaudissant.

– En effet, admet Creek avec un sourire tranquille. Mais tu as parlé d'un chevalet. Du coup, tu pensais à l'un de tes tableaux ?

– Non ! je proteste aussitôt. Je ne veux pas montrer mon travail. Je veux que les gens découvrent les talents artistiques des autres ! Peut-être que c'était une sculpture, dans mon rêve…

– Hum… murmure Creek. Je pense qu'on devrait tous méditer là-dessus.

– Génial, ça a l'air drôle, s'écrie Poppy.

Creek s'installe sans effort dans la position du lotus.

– Assieds-toi et écoute, déclare-t-il. L'univers t'enverra les réponses.

Nous peinons pour imiter sa position. J'arrive à placer mon premier pied, mais pas l'autre. Poppy y parvient, mais elle manque de tomber sur le côté, et je réprime un gloussement. Creek ne remarque rien : les yeux fermés, il semble déjà loin.

Nous essayons de suivre son exemple, mais je ne peux résister à l'envie d'ouvrir un œil… et Poppy fait de même. Je n'arrive pas à rester en place. Et pourtant, ça ne fait que douze secondes…

Enfin, Creek rouvre les paupières.

– C'était enrichissant, déclare-t-il.

Il se relève puis nous tend une main pour nous aider.

– Eh bien, continue-t-il, l'univers m'a parlé et m'a dit : « Le voyage est plus important que la destination. »

C'est tout ? J'espérais quelque chose de plus précis, du genre : « Choisis le participant n° 2. » C'est trop demander à l'univers ? Mais je ne veux pas que Creek sache que je ne comprends rien à ce qu'il raconte, alors je souris et je le remercie pour son aide.

– Pas de problème ! Je suis ravi d'avoir pu t'aider, conclut-il en sortant du bourgeon.

Je me tourne vers Poppy. Elle a l'air radieuse.

– J'ai compris ! s'écrie-t-elle.

– Vraiment ?!

– Oui ! C'est limpide ! Et je vais donc devoir partir, Harper.

– Quoi ?!

– Je te laisse. Je pense que Creek – et/ou l'univers – essayait de dire que je devais te laisser seule pour prendre cette décision.

Elle n'est pas sérieuse, quand même ?! Comment peut-elle croire que je vais pouvoir m'en sortir ainsi ?

– « Le voyage est plus important que la destination », répète-t-elle. Ton problème, ce n'est pas que tu ne peux pas choisir, c'est que tu penses que tu en es incapable ! Si je te laisse, tu seras obligée de choisir seule, et tu verras à quel point ta décision sera exceptionnelle.

– Et si elle ne l'est pas ?

– Elle le sera. Je le sais. Fais-toi confiance autant que je te fais confiance.

Poppy me fait un câlin puis, avant que j'aie pu continuer à protester, elle s'enfuit de la pièce.

JE N'ARRIVE PAS À CROIRE QU'ELLE AIT FAIT ÇA !

J'ai envie de hurler. Le pire, c'est que je ne peux même pas lui en vouloir, elle est certaine que ça va m'aider. Mais comment pourrais-je me faire confiance ? Je ne me fais confiance que quand je peins, et je ne vois pas en quoi cela pourrait m'aider.

Et si…

Peut-être que je dois changer de méthode ! Arrêter de me torturer et me concentrer sur quelque chose dont je suis sûre. Je ramasse mes affaires, puis retourne chez moi.

– Je suis rentrée ! je crie à ma plante.

Je sors une nouvelle toile et la pose sur mon chevalet. Dès que j'ai de la peinture au bout de mes cheveux, je me sens beaucoup mieux. Je travaille et laisse mon esprit vagabonder : quelle couleur choisir, à quel point appuyer sur le pinceau. Je ne pense plus à ma galerie, aux expositions ou à quoi que ce soit d'autre.

Au bout d'une heure, j'admire mon œuvre. J'ai peint le paysage que je vois depuis mon bourgeon et j'ai essayé de reproduire la texture des feuilles qui pendent devant ma porte. Mais quelque chose n'est pas parfait… Il faut que j'ajoute un peu de vert !

C'est le moment que je préfère : celui où j'apporte des modifications pour donner plus de profondeur à mes tableaux. C'est la combinaison de toutes les couches qui…

Oh…

Waouh !

Ça y est !

J'ai trouvé la meilleure exposition pour mon gala !

– Poppy avait raison ! je m'écrie. Je pouvais le faire ! Je devais juste le faire à ma manière.

Mon estomac bourdonne de nouveau d'excitation. Par la fenêtre, j'enroule mes cheveux à la branche d'un arbre du jardin, et je me projette hors de la maison. Il me reste tant de choses à faire.

Ce gala va être formidable !

chapitre 8

Écoute ton cœur

Harper

Et voilà. C'est le grand soir. Incroyablement nerveuse, je me laisse habiller par Chenille et Satin. Elles me coiffent, puis j'avance devant le miroir.

– Oh… je suis époustouflée…

Je porte une robe que les deux stylistes ont appelée « Le Grand Soir ». Elle descend jusqu'à mes pieds, et sa soie

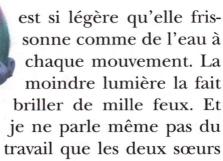

est si légère qu'elle frissonne comme de l'eau à chaque mouvement. La moindre lumière la fait briller de mille feux. Et je ne parle même pas du travail que les deux sœurs ont fait sur mes cheveux !

– Vous êtes incroyables, je murmure.

– Pas le temps de s'émouvoir, répond Satin, parce que…

– … on doit se dépêcher, complète Chenille. On a encore beaucoup de travail !

Dehors, de grands projecteurs illuminent le ciel pour annoncer à tout le monde qu'une grande soirée va avoir lieu. Et la lumière provient de MA galerie. Je suis si fière !

Nous prenons toutes les trois le chenibus, même si c'est un peu compliqué avec la robe que je porte. Les premiers

Trolls sont déjà en train de faire la queue sur le long tapis rouge recouvert de pétales de fleurs.

– Allez-y, dis-je aux jumelles, je vous rejoins.

Je contemple les lueurs dans le ciel, puis ma galerie. Elle est recouverte de lucioles qui scintillent gaiement.

– C'est encore mieux que je l'espérais, je souffle.

– Ah ! Je suis si contente de te l'entendre dire, s'exclame Poppy.

Mon amie vient d'apparaître à mes côtés, et son sourire est aussi large que le mien. Je la prends dans mes bras et lui fais le plus gros câlin de toute l'histoire des Trolls – ce qui représente beaucoup, parce qu'on est quand même des experts dans ce domaine !

– On a réussi ! je m'exclame.

– *Tu* as réussi, corrige Poppy. Et, bien sûr, je n'ai jamais douté de toi. Au fait, qu'est-ce qu'il y a derrière ce grand rideau, juste à l'entrée de la galerie ?

Je souris et agite mes sourcils de façon mystérieuse.

– Il faut bien que je garde une petite surprise… Tu te rappelles, tu regrettais que je n'expose pas mes propres tableaux et que je n'aie pas donné de nom à ma galerie. Eh bien…

Je porte mes doigts à ma bouche et siffle de toutes mes forces. Smidge apparaît presque aussitôt.

– On m'appelle ? demande-t-elle.

– C'est parti ! je réponds.

Elle gonfle ses muscles, bondit jusqu'au rideau, puis l'arrache de manière théâtrale. Dessous, un panneau affiche l'inscription suivante :

GALERIE ÉCOUTE TON CŒUR

Poppy applaudit.

– Le nom est magnifique ! Et cette peinture ! Waouh !

J'ai écrit chaque lettre avec des arabesques qui ressemblent à des feuilles. Dans les espaces libres, j'ai peint des papillons de toutes les couleurs. Et soudain, de vrais papillons et des coccinelles prennent leur envol. L'enseigne semble presque vivante !

Poppy admire le spectacle en silence, puis nous nous prenons par le bras avant de remonter le tapis rouge jusqu'à l'intérieur du bourgeon.

Nous nous dirigeons aussitôt vers l'arrière de la galerie, là où se tenait, il y a peu, le rideau qui cachait la surprise de Harper. À sa place, j'aperçois une véritable cascade qui vient se jeter dans un petit bassin rempli de cailloux. Derrière la cascade, des milliers de mots et de citations sur l'art brillent d'une peinture argentée. L'eau scintille sous la lumière des projecteurs.

C'est parfait. Je suis si fière d'elle !

Satin et Chenille s'occupent ensuite de moi : elles m'habillent d'une magnifique robe jaune qui va drôlement bien avec ma peau rose. C'est tellement stylé. J'adore !

– À chaque fois que je pense qu'elles ont réussi un chef-d'œuvre, elles parviennent à faire encore mieux, admire Harper.

– Maintenant qu'on est toutes les deux magnifiques, il est temps de lancer la soirée, je réponds en souriant.

Dehors, la file d'attente traverse le village tout entier.

– Waouh ! s'extasie Harper.

À peine avons-nous ouvert les portes que le bourgeon se remplit de spectateurs enthousiastes. Ça va être génial !

Harper monte sur l'estrade et s'empare du micro. Comme tout le monde est en train de parler, elle met deux doigts dans sa bouche et siffle :

– *TRIIIIIT !*

Aussitôt, le silence se fait. Harper tape deux fois sur son micro, puis se met à parler. Je ne l'ai jamais vue aussi calme et confiante.

– Bienvenue à la galerie « Écoute ton cœur », dit-elle, et merci d'être venus partager cette soirée si spéciale. J'ai imaginé cet endroit pour célébrer l'art de tous les Trolls. Nous chantons, nous dansons, nous avons des amis, de l'amour… et des cheveux !

La foule éclate de rire. Tous sont sous le charme. Elle sourit, puis reprend :

– Au début, je pensais que j'allais devoir choisir un artiste parmi vous tous. Mais je n'avais pas réalisé que la meilleure exposition serait celle-ci : *tous les arts autour de nous.*

Elle s'arrête de parler de manière théâtrale, puis tape lentement des mains. Les lumières s'éteignent et le bourgeon est plongé dans l'obscurité totale. Seul un bruissement furtif laisse présager qu'il va se passer quelque chose.

Harper frappe de nouveau dans ses mains tandis que la piste s'illumine. DJ Suki joue sa toute nouvelle composition. La silhouette de Smidge tourbillonne dans les airs, attachée par ses cheveux. Elle atterrit sur la piste et enchaîne les sauts périlleux en rythme avec la musique. Comme je l'avais prédit, les spectateurs poussent des cris de joie.

Ils ne se doutent pas un instant que ce n'est que le début.

Tout à coup, les lumières se rallument et les Trolls découvrent, stupéfaits, les œuvres qui les entourent. Les murs sont couverts de photos de M. Dinkles. Cooper et ses apprentis traversent la foule avec des plateaux remplis de ses tout nouveaux gâteaux. Smidge continue à enchaîner les cascades dans les airs pendant que les mannequins de Satin et Chenille présentent leur nouvelle collection de vêtements.

Le cœur rempli de bonheur, je cours rejoindre Harper, qui donne ses dernières instructions à Guy Diamant.

– Tout est bon ? lui demande-t-elle.

– Paaarfait ! répond-il en projetant quelques paillettes.

Elle lui sourit puis m'entraîne à l'extérieur du bourgeon.

– Où allons-nous ? Tu ne peux pas quitter ta propre soirée, je proteste.

– Je voulais juste profiter d'une seconde de silence avec toi. Enfin, d'une seconde de « moins de bruit ».

En effet, entre la musique de DJ Suki et les cris de plaisir des Trolls, le village est tout sauf silencieux, ce soir.

– Je sais que je te l'ai déjà dit, murmure Harper, les yeux émus, mais, merci de m'avoir fait autant confiance. Tu avais raison : la meilleure manière de m'aider était de me laisser seule. Désormais, je sais que je pourrai gérer cette galerie.

Nous restons là, main dans la main, à regarder le panneau accroché au-dessus du bourgeon.

Écoute ton cœur.

Puis je me rends compte qu'elle est en train de battre machinalement la mesure avec son doigt.

— Bon, c'est super, ces trucs de meilleures amies, dis-je en souriant, mais on perd du temps qu'on pourrait passer à danser ! Et je sais que Cooper a caché des gâteaux sous la piste !

— Des gâteaux explosifs à la mûre sauvage, au gingembre et au citron vert ? demande-t-elle.

Nous nous précipitons dans la galerie. Harper a réussi son pari : cette soirée sera inoubliable !

FIN

Retrouve également le roman du film en Bibliothèque Rose !

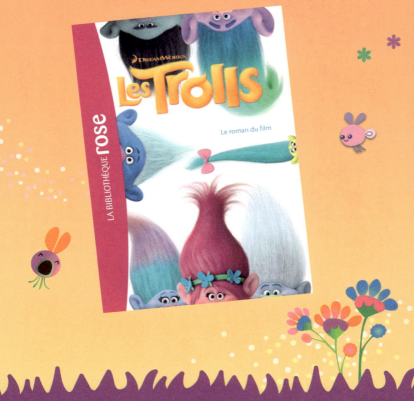

Pour retrouver tous tes héros préférés,
va vite sur le site :
www.bibliotheque-rose.com

Table

1. La galerie d'art de Harper 11
2. Les gâteaux de Cooper 23
3. La musique de DJ Suki 37
4. M. Dinkles a disparu ! 49
5. Enfin un indice ! 71
6. Quelle exposition choisir ? . 91
7. Creek à la rescousse 103
8. Écoute ton cœur 113

hachette s'engage pour l'environnement en réduisant l'empreinte carbone de ses livres. Celle de cet exemplaire est de :
450 g éq. CO$_2$
Rendez-vous sur
www.hachette-durable.fr

PAPIER À BASE DE FIBRES CERTIFIÉES

Photogravure Nord Compo - Villeneuve-d'Ascq

Imprimé en Espagne par CAYFOSA
Dépôt légal : janvier 2017
Achevé d'imprimer : décembre 2016
72.7911.1/01 – ISBN 978-2-01-700435-6
Loi n° 49956 du 16 juillet 1949
sur les publications destinées à la jeunesse